Fondamenti dei Mutui Ipotecari per Airbnb

Come qualificarsi per immobili Airbnb utilizzando il reddito da locazione invece del reddito personale

Di Joseph G. Correa

Broker Ipotecario Autorizzato, Finibi Mortgage

Copyright e Avviso Legale

Pubblicato da Live Stronger Faster

Le informazioni fornite in questo libro sono a scopo esclusivamente educativo e informativo e non devono essere interpretate come consulenza finanziaria, legale o fiscale. Si consiglia ai lettori di consultare professionisti autorizzati prima di prendere decisioni finanziarie o immobiliari. L'autore e l'editore non si assumono alcuna responsabilità per eventuali perdite o danni derivanti dall'uso o dall'uso improprio delle informazioni contenute in questa pubblicazione.

Prima edizione, 2026

Indice dei Contenuti

Prefazione

Il mondo degli investimenti immobiliari ha subito una trasformazione radicale negli ultimi anni, e al centro di questa trasformazione c'è l'ascesa delle piattaforme di affitti a breve termine come Airbnb. Ciò che un tempo era considerato una strategia di nicchia riservata ai proprietari di case vacanza e ai professionisti dell'ospitalità si è evoluto in uno degli strumenti più potenti per la creazione di ricchezza disponibili per gli investitori moderni. Questo cambiamento ha dato vita a una nuova categoria di finanziamenti—i mutui ipotecari per Airbnb—progettati specificamente per supportare l'acquisto, il rifinanziamento e la crescita di proprietà destinate agli affitti a breve termine.

Il Libro 1 della serie *The Airbnb Mortgage Loan Mastery Series* rappresenta la tua base per comprendere questo nuovo scenario. È progettato per offrirti chiarezza, sicurezza e un vantaggio strategico in un mercato in cui le regole tradizionali non si applicano più.

A differenza del settore immobiliare tradizionale, le proprietà Airbnb e gli affitti a breve termine operano con un modello di reddito dinamico. Invece di un canone mensile fisso, queste proprietà generano entrate basate su tariffe giornaliere, domanda stagionale, tassi di occupazione e qualità dell'esperienza degli ospiti. Questa variabilità introduce sia opportunità che complessità. I finanziatori tradizionali, che si basano su flussi di reddito prevedibili e sulla verifica dell'occupazione del mutuatario, spesso non sono adeguatamente attrezzati per valutare questi investimenti.

Di conseguenza, è emersa una nuova classe di prodotti di finanziamento progettati per valutare il potenziale di reddito dell'immobile stesso, piuttosto che il reddito personale del mutuatario. Comprendere come funzionano questi prestiti è il primo passo per sbloccarne il pieno potenziale.

Alla base, un mutuo per Airbnb non è solo un prestito—è una strategia. Rappresenta un passaggio dalla qualificazione basata sul mutuatario alla qualificazione basata sull'attività. Invece di chiedere: "Quanto guadagni dal tuo lavoro?", i finanziatori chiedono sempre più spesso: "Quanto può produrre questa proprietà?". Questo cambiamento fondamentale apre le porte a una vasta gamma di investitori che potrebbero non qualificarsi secondo le linee guida tradizionali.

Una delle distinzioni più importanti che imparerai in questo libro è la differenza tra mutui tradizionali, prestiti DSCR e prestiti Non-QM (Non Qualified Mortgage). I mutui tradizionali sono progettati per residenze principali e affitti a lungo termine e richiedono documentazione completa, come dichiarazioni dei redditi e verifiche dettagliate del reddito. Sebbene offrano spesso tassi di interesse più bassi, sono limitati in termini di flessibilità e scalabilità.

Al contrario, i prestiti DSCR (Debt Service Coverage Ratio) rappresentano un approccio rivoluzionario al finanziamento degli immobili a reddito. Questi prestiti si concentrano sul reddito generato dalla proprietà stessa, misurando se esso è sufficiente a coprire il pagamento del mutuo. Nel caso delle proprietà Airbnb, i finanziatori possono valutare il reddito previsto utilizzando dati specifici per affitti a breve termine, anziché basarsi esclusivamente su comparabili di affitti a lungo termine.

I prestiti Non-QM ampliano ulteriormente le possibilità. Sono progettati per mutuatari che non rientrano nei parametri convenzionali e possono includere prestiti basati su estratti conto bancari, asset o programmi ibridi. Per gli investitori Airbnb, offrono una flessibilità significativa nella strutturazione delle operazioni, soprattutto quando si tratta di profili reddituali complessi o proprietà uniche.

Un altro concetto fondamentale introdotto in questo libro riguarda la qualificazione del reddito da affitti a breve termine.

A differenza degli affitti a lungo termine, il reddito Airbnb richiede un'analisi più sofisticata. Fattori come la tariffa media giornaliera (ADR), il tasso di occupazione, la stagionalità, la domanda locale e l'efficienza della gestione influiscono tutti sul potenziale di reddito. I finanziatori possono utilizzare strumenti come report di mercato e proiezioni supportate da perizie per stimare questo reddito.

Comprendere chi può qualificarsi per questi prestiti è altrettanto importante. Uno degli aspetti più interessanti di questo modello di finanziamento è la sua accessibilità. Non è necessario essere un investitore esperto con un ampio portafoglio per iniziare. Anche i principianti, i lavoratori autonomi e gli imprenditori possono accedere a queste opportunità con la giusta strategia.

Questo libro è progettato per cambiare il tuo modo di pensare: da limitazione a possibilità. Invece di chiederti se soddisfi regole obsolete, imparerai a strutturare il tuo profilo e le tue operazioni per allinearti agli standard moderni. Inizierai a vedere il finanziamento non come un ostacolo, ma come uno strumento da ottimizzare e scalare.

Man mano che avanzerai nella serie, passerai dalle basi a strategie avanzate: calcolo del DSCR con dati Airbnb, acquisizione della prima proprietà, espansione del portafoglio e utilizzo del rifinanziamento per accelerare la crescita.

Tutto però inizia qui—con una comprensione solida dei fondamentali. Questo libro costruisce le basi per tutto ciò che seguirà. Ti aiuterà a comprendere il linguaggio del finanziamento Airbnb, la logica delle decisioni di underwriting e le scelte strategiche che determinano il successo di un'operazione.

L'opportunità negli affitti a breve termine non riguarda solo il possesso di immobili—ma il controllo dei flussi di reddito, l'utilizzo dei dati e la capacità di usare il finanziamento in modo strategico per accelerare la crescita.

Benvenuto nel Libro 1: *Fondamenti dei Mutui Ipotecari per Airbnb*. Qui si costruiscono le basi, inizia la strategia e prende forma il tuo percorso verso un business immobiliare scalabile e redditizio.

Capitolo 1

Cosa Rende Diversi i Mutui Ipotecari per Airbnb

L'evoluzione degli investimenti immobiliari è sempre stata strettamente legata all'innovazione, ma poche innovazioni hanno rivoluzionato il settore in modo così profondo come le piattaforme di affitti a breve termine come Airbnb. Ciò che un tempo richiedeva la proprietà di hotel, accordi di franchising o esperienza nel settore immobiliare commerciale può ora essere realizzato da persone comuni con la proprietà giusta, la strategia corretta e—soprattutto—il finanziamento adeguato.

Questo capitolo è progettato per spiegare cosa rende realmente diversi i mutui ipotecari per Airbnb rispetto ai prodotti ipotecari tradizionali e perché comprendere queste differenze è essenziale per avere successo nel mercato degli affitti a breve termine.

A livello più basilare, la differenza inizia dal modo in cui viene generato il reddito. Gli investimenti immobiliari tradizionali si basano su contratti di locazione a lungo termine, solitamente da 6 a 12 mesi o più. Questo crea flussi di reddito prevedibili e stabili, sui quali i finanziatori hanno storicamente basato la valutazione del rischio. Al contrario, le proprietà Airbnb operano su base giornaliera o a breve termine. Il reddito varia in base al tasso di occupazione, alla strategia di prezzo, alla domanda locale, alla stagionalità e alla qualità della proprietà. Questo crea un profilo di reddito più dinamico—spesso superiore rispetto agli affitti tradizionali—ma anche più complesso da analizzare.

A causa di questa complessità, le linee guida dei mutui tradizionali non sono state progettate per valutare correttamente il reddito Airbnb. Un finanziatore tradizionale esamina generalmente redditi da lavoro dipendente, dichiarazioni fiscali e una storia lavorativa stabile. Per gli immobili da investimento, può considerare contratti di locazione a lungo termine o stime di affitto di mercato. Tuttavia, il reddito Airbnb non si inserisce facilmente in queste categorie: può non essere ancora presente nelle dichiarazioni fiscali, può variare significativamente mese per mese e spesso supera le stime degli affitti tradizionali.

Questo divario tra underwriting tradizionale e strategie moderne ha portato alla creazione di prodotti di finanziamento specializzati, in particolare i prestiti DSCR e Non-QM. Questi prodotti sono progettati per valutare la performance dell'immobile invece del reddito personale del mutuatario. In altre parole, è la proprietà stessa a diventare la principale fonte di qualificazione.

Con i mutui Airbnb, i finanziatori si concentrano su una domanda chiave: la proprietà genera abbastanza reddito da sostenere il debito? Qui entra in gioco il concetto di DSCR (Debt Service Coverage Ratio). Invece di calcolare il rapporto debito/reddito personale, il DSCR misura il rapporto tra il reddito dell'immobile e le sue spese. Se la proprietà copre i costi—e idealmente genera un surplus—il prestito è considerato meno rischioso.

Un'altra differenza importante riguarda il modo in cui viene stimato il reddito. Per gli affitti a lungo termine, si utilizzano comparabili di mercato. Per Airbnb, questo approccio è spesso insufficiente. I finanziatori utilizzano dati avanzati come analisi di mercato per affitti brevi, dati storici di prenotazione e proiezioni basate su fattori come tariffa media giornaliera (ADR), tasso di occupazione e domanda stagionale.

Anche il processo di underwriting cambia. I mutui tradizionali richiedono documentazione estesa e sono molto rigidi. I mutui Airbnb, specialmente DSCR e Non-QM, sono più flessibili e si concentrano su performance della proprietà, credito e riserve, piuttosto che sulla verifica dettagliata del reddito. Questo può accelerare significativamente l'approvazione, soprattutto per lavoratori autonomi o investitori con redditi non tradizionali.

Un'altra differenza chiave è la scalabilità. Con i mutui tradizionali, il rapporto debito/reddito limita il numero di proprietà acquistabili. Con i mutui Airbnb, ogni proprietà viene valutata individualmente. Se ogni immobile soddisfa i requisiti DSCR, l'investitore può continuare a espandere il portafoglio senza essere limitato dal reddito personale.

Dal punto di vista del rischio, i finanziatori possono considerare gli affitti brevi più rischiosi a causa della variabilità del reddito e delle normative locali. Per questo motivo, questi mutui possono avere tassi leggermente più alti, acconti maggiori o requisiti di riserva più elevati. Tuttavia, questi rischi sono spesso compensati dal maggiore potenziale di reddito.

La posizione geografica gioca un ruolo ancora più importante. Gli affitti a breve termine dipendono fortemente dalla domanda turistica, dalle normative locali e dalla stagionalità. Due proprietà simili possono avere performance molto diverse a seconda del mercato.

Un altro fattore fondamentale è la gestione della proprietà. Gli Airbnb richiedono gestione attiva: prezzi dinamici, comunicazione con gli ospiti, pulizia e manutenzione. Una gestione efficace aumenta la stabilità del reddito e rafforza il profilo del prestito.

Anche le normative sono cruciali. Molte città hanno regolamenti specifici per gli affitti brevi. I finanziatori richiedono spesso la conformità a queste regole, rendendo essenziale per l'investitore comprendere il quadro normativo locale.

In definitiva, ciò che rende diversi i mutui Airbnb non è solo il prodotto finanziario, ma l'intero sistema. Si tratta di un modello basato sulla performance, dove il successo dipende dalla capacità della proprietà di generare reddito. Questo crea un approccio più imprenditoriale agli investimenti immobiliari.

Esempio Pratico: Analisi di un'Operazione Airbnb con DSCR

Immagina un investitore di nome Daniel che vuole acquistare la sua prima proprietà Airbnb per $400.000. Decide di utilizzare un prestito DSCR con un anticipo del 20% ($80.000), finanziando $320.000 con un tasso del 7,5% su 30 anni. Il pagamento mensile totale, incluse tasse e assicurazione, è di circa $2.800.

Analizzando il mercato, Daniel trova che:

- Tariffa media giornaliera: $220
- Occupazione media: 70%

Il reddito mensile stimato è:

$220 × 30 giorni = $6.600

$6.600 × 70% = $4.620

Dopo spese operative del 25% ($1.155), il reddito netto è $3.465.

Il DSCR è:

$3.465 ÷ $2.800 = 1,24

Poiché supera il requisito minimo di 1,20, l'immobile è qualificato.

Se Daniel migliora la gestione e aumenta prezzo e occupazione:

- Nuovo reddito: circa $5.400
- Reddito netto: $4.050
- Nuovo DSCR: 1,45

Questo dimostra come la gestione attiva possa aumentare sia il flusso di cassa che la capacità di ottenere ulteriori finanziamenti.

Questo capitolo dimostra chiaramente che i mutui Airbnb non sono semplicemente un'alternativa ai mutui tradizionali—sono un modo completamente diverso di pensare al finanziamento immobiliare. Richiedono una comprensione più profonda del mercato, del reddito e della strategia, ma offrono anche opportunità significativamente maggiori per chi è disposto ad adattarsi e imparare.

Capitolo 2

DSCR vs Mutui Tradizionali vs Prestiti Non-QM per Proprietà Airbnb

Comprendere le differenze tra prestiti DSCR, mutui tradizionali e prestiti Non-QM è uno dei passi più importanti per padroneggiare il finanziamento degli immobili Airbnb. Queste tre categorie rappresentano approcci completamente diversi nella valutazione del rischio, nella qualificazione dei mutuatari e nella strutturazione delle operazioni immobiliari. Per gli investitori in affitti a breve termine, scegliere il tipo di prestito giusto può fare la differenza tra ottenere l'approvazione o essere rifiutati, scalare rapidamente o rimanere bloccati, massimizzare i profitti o perdere opportunità.

I mutui tradizionali sono la forma di finanziamento più conosciuta. Sono generalmente supportati da enti come Fannie Mae e Freddie Mac e sono progettati principalmente per residenze principali e immobili in affitto a lungo termine. Il processo di qualificazione si concentra fortemente sul profilo finanziario personale del mutuatario: reddito da lavoro, dichiarazioni fiscali, buste paga, rapporto debito/reddito (DTI), punteggio di credito e stabilità lavorativa. Sebbene offrano tassi di interesse tra i più bassi sul mercato, non sono ideali per investitori Airbnb. Il motivo principale è che il reddito viene calcolato utilizzando affitti a lungo termine, sottovalutando spesso il reale potenziale degli affitti brevi. Inoltre, esistono limiti al numero di proprietà finanziabili, riducendo la capacità di scalare.

Un'altra difficoltà dei mutui tradizionali è la documentazione. È richiesto un elevato livello di dettaglio e qualsiasi incoerenza può rallentare o bloccare l'approvazione. Per i lavoratori autonomi, questo è un ostacolo significativo, poiché il reddito imponibile è spesso ridotto da deduzioni fiscali.

I prestiti DSCR offrono un approccio completamente diverso. Invece di analizzare il reddito personale, valutano il reddito generato dalla proprietà. Il parametro chiave è il Debt Service Coverage Ratio (DSCR), che misura se il reddito dell'immobile è sufficiente a coprire le spese. Questo permette agli investitori di qualificarsi sulla base della performance dell'immobile.

Per le proprietà Airbnb, questo rappresenta un enorme vantaggio. I finanziatori utilizzano dati specifici per affitti brevi, come tariffa media giornaliera, tasso di occupazione e stagionalità, per stimare il reddito. Se il reddito soddisfa il requisito DSCR, il mutuatario può qualificarsi anche senza documentazione tradizionale.

I prestiti DSCR offrono anche una forte scalabilità. Ogni proprietà viene valutata individualmente, permettendo agli investitori di acquisire più immobili senza essere limitati dal proprio reddito personale. Tuttavia, presentano alcuni compromessi: tassi di interesse più elevati, acconti maggiori (20%–25%) e requisiti più rigorosi su credito e riserve.

I prestiti Non-QM rappresentano una categoria più ampia e flessibile. Sono progettati per mutuatari che non rientrano nei criteri tradizionali e includono:

- Prestiti basati su estratti conto bancari
- Prestiti basati su asset
- Programmi ibridi

Per gli investitori Airbnb, i Non-QM offrono soluzioni per situazioni complesse. Ad esempio, i prestiti basati su estratti conto consentono di qualificarsi tramite depositi bancari invece che tramite dichiarazioni fiscali. I prestiti basati su asset utilizzano investimenti o risparmi per dimostrare la capacità di rimborso.

Il principale vantaggio dei Non-QM è la flessibilità. I finanziatori possono strutturare operazioni personalizzate, includendo opzioni come pagamenti solo interessi o criteri di underwriting adattabili. Tuttavia, questi prestiti tendono ad avere costi più elevati.

Quando si confrontano queste tre opzioni, è fondamentale considerare gli obiettivi:

- Mutuo tradizionale → migliore per tassi bassi e reddito stabile
- DSCR → ideale per investimenti Airbnb e crescita del portafoglio
- Non-QM → perfetto per situazioni complesse o redditi non convenzionali

È importante anche capire che questi strumenti non sono esclusivi. Molti investitori di successo combinano i tre approcci: mutui tradizionali per residenze principali, DSCR per immobili Airbnb e Non-QM per rifinanziamenti o operazioni più complesse.

Esempio Pratico: Confronto tra le Opzioni di Finanziamento

Consideriamo un'investitrice, Maria, che vuole acquistare una proprietà Airbnb da $500.000 con un anticipo del 20% ($100.000).

Scenario 1: Mutuo Tradizionale

- Tasso: 6,5%
- Pagamento totale: ~$3.200/mese
- Reddito mensile: $8.000
- Debiti totali: $5.200
- DTI: 65% → Non approvato

Scenario 2: Prestito DSCR

- Tasso: 7,75%
- Spese totali: $3.500/mese
- Reddito Airbnb iniziale:
    - ADR: $250
    - Occupazione: 70%
    - Reddito netto: $3.937
- DSCR: 1,12 → Non sufficiente

Dopo ottimizzazione:

- ADR: $275
- Occupazione: 75%
- Reddito netto: $4.640
- DSCR: 1,33 → Approvato

Scenario 3: Prestito Non-QM (Bank Statement)

- Tasso: 8,25%
- Spese totali: $3.700/mese

- Depositi mensili: $10.000
- Reddito qualificato: $5.000
- DTI: elevato ma approvato grazie a flessibilità e riserve

Questo esempio dimostra chiaramente i compromessi:

- Il mutuo tradizionale offre il miglior tasso ma è limitante
- Il DSCR permette di qualificarsi con il reddito della proprietà
- Il Non-QM offre massima flessibilità ma a un costo maggiore

La lezione chiave è che non esiste una soluzione unica. Comprendendo queste opzioni, puoi strutturare strategie di finanziamento intelligenti, ridurre i rischi e massimizzare le opportunità nel mercato degli affitti a breve termine.

Capitolo 3

Fondamenti della Qualificazione del Reddito per Affitti a Breve Termine

Uno dei cambiamenti più importanti nel finanziamento immobiliare moderno è il passaggio dalla qualificazione basata sul mutuatario alla qualificazione basata sull'immobile, soprattutto nel mondo degli investimenti Airbnb e degli affitti a breve termine. In questo capitolo, imparerai come i finanziatori valutano il reddito da affitti brevi, come viene calcolato, quali fonti di dati vengono utilizzate e come strutturare la tua operazione per soddisfare gli standard di underwriting.

A differenza degli affitti tradizionali, basati su contratti fissi, gli affitti a breve termine operano con un modello di reddito variabile. Il reddito può cambiare in base alla domanda, alla stagionalità, alla strategia di prezzo, alla concorrenza e alla qualità della gestione. Per questo motivo, i finanziatori non possono basarsi su schemi standard e utilizzano invece proiezioni, dati storici e analisi di terze parti.

Il primo concetto chiave è il **reddito lordo (gross revenue)**, ovvero il totale generato prima delle spese. Per

Airbnb, si calcola moltiplicando la tariffa media giornaliera (ADR) per il numero di notti occupate, considerando il tasso di occupazione.

Tuttavia, ciò che interessa realmente ai finanziatori è il **reddito operativo netto (NOI)**, che tiene conto delle spese:

- Pulizie
- Gestione
- Utenze
- Manutenzione
- Commissioni delle piattaforme
- Assicurazione
- Forniture

Spesso i finanziatori applicano una percentuale standard del 20%–30% del reddito lordo per stimare queste spese.

Un altro elemento fondamentale è la **fonte dei dati**. I finanziatori utilizzano:

- Piattaforme di analisi degli affitti brevi
- Dati comparabili di mercato
- Perizie con proiezioni STR
- Dati reali (Airbnb/VRBO) se disponibili

La credibilità dei dati è essenziale. Proiezioni non realistiche possono essere ridotte o rifiutate.

La **stagionalità** è un fattore chiave: i mercati Airbnb variano durante l'anno. I finanziatori utilizzano medie annuali per stabilizzare le proiezioni.

Il **tasso di occupazione** è uno dei parametri più importanti. Stime realistiche (65%–75%) sono generalmente preferite rispetto a ipotesi aggressive.

La **tariffa media giornaliera (ADR)** dipende da:

- Posizione
- Dimensione
- Design
- Servizi
- Competizione

Un buon posizionamento può aumentare significativamente il reddito.

La gestione delle spese è altrettanto importante. Proprietà autogestite possono ridurre i costi, mentre la gestione professionale offre stabilità e scalabilità.

I finanziatori considerano anche le **riserve di liquidità**, spesso richiedendo diversi mesi di pagamenti del mutuo come sicurezza.

È importante distinguere tra:

- Reddito proiettato → basato su dati e ipotesi
- Reddito stabilizzato → basato su performance reale

Man mano che costruisci un portafoglio, lo storico migliora la tua credibilità.

Infine, i finanziatori percepiscono gli Airbnb come più rischiosi, quindi applicano criteri conservativi. Tuttavia, una buona presentazione dei dati, riserve solide e una strategia chiara possono ridurre questo rischio percepito.

In sintesi, la qualificazione del reddito per affitti a breve termine è una combinazione di analisi dei dati, strategia e presentazione. Padroneggiarla ti permette non solo di ottenere finanziamenti, ma di costruire un business scalabile.

Esempio Pratico: Calcolo Reddito, Spese e DSCR

Consideriamo un investitore, Alex, che vuole acquistare una proprietà Airbnb da $450.000.

- Anticipo: 25% ($112.500)
- Prestito: $337.500
- Tasso: 7,75%

- Spesa mensile totale: ~$3.000

Dati di mercato:

- ADR: $230
- Occupazione: 68%

Calcolo:

- Reddito lordo: $6.900
- Reddito effettivo: $4.692
- Spese (25%): $1.173
- Reddito netto: $3.519

DSCR:

$3.519 ÷ $3.000 = 1,17 → Non sufficiente

Dopo ottimizzazione:

- ADR: $250
- Occupazione: 72%
- Reddito lordo: $5.400
- Reddito netto: $4.050

Nuovo DSCR:

$4.050 ÷ $3.000 = 1,35 → Approvato

Riducendo le spese al 22%, il DSCR migliora ulteriormente.

Questo esempio dimostra come piccoli miglioramenti in prezzo, occupazione e gestione possano trasformare un'operazione non qualificata in un investimento approvato e redditizio.

La lezione chiave: il reddito Airbnb non è fisso—può essere ottimizzato. E chi comprende questi meccanismi ha un enorme vantaggio competitivo nel mercato.

Capitolo 4

Chi Si Qualifica per i Mutui Ipotecari Airbnb (Investitori, Principianti e Lavoratori Autonomi)

Uno degli aspetti più potenti del finanziamento per immobili Airbnb è la sua accessibilità. A differenza dei modelli di prestito tradizionali, che favoriscono lavoratori dipendenti con redditi stabili e prevedibili, i mutui Airbnb aprono le porte a una gamma molto più ampia di mutuatari, inclusi investitori immobiliari, principianti, imprenditori e lavoratori autonomi.

Il sistema tradizionale è stato costruito sulla stabilità: redditi da lavoro dipendente (W-2), buste paga costanti e bassi rapporti debito/reddito. Questo modello funziona per l'acquisto di abitazioni principali, ma esclude molti investitori moderni che guadagnano in modo non tradizionale. Imprenditori, freelance e creatori digitali possono avere un forte flusso di cassa, ma un reddito imponibile ridotto, rendendo difficile qualificarsi.

I mutui Airbnb, in particolare DSCR e Non-QM, risolvono questo problema spostando l'attenzione dal reddito personale alla performance dell'immobile. Questo permette a molti più individui di qualificarsi.

1. Investitori Immobiliari

Gli investitori rappresentano il principale target di questi prestiti. I finanziatori valutano:

- Esperienza
- Profilo creditizio
- Capacità di gestione

Gli investitori esperti con un portafoglio solido possono ottenere condizioni migliori e maggiore flessibilità.

2. Principianti (First-Time Investors)

Uno dei vantaggi più importanti dei prestiti DSCR è che anche i principianti possono qualificarsi. Non è necessario avere esperienza o un grande portafoglio.

Requisiti principali:

- Buon credito
- Anticipo adeguato
- Immobile con forte potenziale di reddito

La sfida principale per i principianti è dimostrare che l'immobile è un investimento valido, utilizzando dati solidi e una strategia chiara.

3. Lavoratori Autonomi e Imprenditori

Questo gruppo beneficia enormemente dei mutui Airbnb. Nei prestiti tradizionali, il reddito imponibile è spesso ridotto da deduzioni fiscali, penalizzando il mutuatario.

Con DSCR e Non-QM:

- Si utilizza il reddito dell'immobile
- Oppure estratti conto bancari o asset

Questo permette agli imprenditori di investire senza essere limitati dalla documentazione tradizionale.

Fattori Chiave di Qualificazione

- **Punteggio di credito:** generalmente minimo 620–680
- **Anticipo:** tipicamente 20%–25%
- **Riserve:** diversi mesi di pagamenti del mutuo
- **Strategia:** piano chiaro di gestione e redditività

Le riserve sono particolarmente importanti per compensare la variabilità del reddito Airbnb.

Strategia e Percezione del Rischio

I finanziatori valutano il rischio in base al profilo del mutuatario:

- Investitori esperti → rischio più basso
- Principianti → rischio più alto, mitigabile con buoni dati
- Lavoratori autonomi → rischio variabile, mitigabile con documentazione alternativa

Una strategia chiara (gestione, prezzi, occupazione) migliora significativamente le probabilità di approvazione.

Scalabilità

Uno dei vantaggi principali è la possibilità di scalare:

- Mutui tradizionali → limitati dal DTI
- Prestiti DSCR → ogni immobile valutato separatamente

Questo consente una crescita più rapida del portafoglio.

Struttura Legale (LLC e Società)

Molti investitori acquistano tramite LLC per:

- Protezione legale
- Vantaggi fiscali

Alcuni finanziatori permettono prestiti DSCR intestati a società, altri richiedono qualificazione personale.

Località e Tipo di Immobile

La qualificazione dipende anche da:

- Normative locali sugli affitti brevi
- Domanda turistica
- Tipo di proprietà (lusso, fronte mare, cabine, ecc.)

Scegliere immobili in linea con i criteri dei finanziatori facilita l'approvazione.

Esempio Pratico: Confronto tra Tre Profili

Tre mutuatari vogliono acquistare una proprietà Airbnb da $480.000:

- Anticipo: 25% ($120.000)
- Prestito: $360.000
- Spese mensili: ~$3.200
- Reddito netto: $3.780
- DSCR: 1,18 (inizialmente insufficiente)

Investitore Esperto

- Migliora proiezioni (occupazione 72%)

- DSCR: 1,21 → Approvato

Principiante

- Aumenta anticipo al 30%
- Spese ridotte a $3.000
- DSCR: 1,26 → Approvato

Lavoratore Autonomo

- Usa estratti conto bancari
- Combina reddito proprietà + flusso di cassa
- Approvato senza documentazione tradizionale

Conclusione

I mutui Airbnb non sono limitati a un solo tipo di mutuatario. La qualificazione dipende dall'allineamento tra:

- Profilo del mutuatario
- Performance dell'immobile
- Criteri del finanziatore

La lezione chiave è che il tuo background non è un limite. Con la giusta strategia, dati solidi e una buona struttura finanziaria, puoi qualificarti e costruire un portafoglio immobiliare scalabile e redditizio.

Capitolo 5

Strutturare il Tuo Primo Affare Airbnb per l'Approvazione e il Profitto

Ottenere un mutuo per un immobile Airbnb non significa semplicemente trovare un finanziatore—significa strutturare un'operazione che sia perfettamente allineata con i criteri di underwriting e allo stesso tempo massimizzi la redditività. Molti investitori si concentrano solo sulla ricerca della "proprietà perfetta", ma trascurano la struttura dell'operazione. In realtà, il modo in cui strutturi il tuo affare—prezzo d'acquisto, anticipo, tipo di prestito, proiezioni di reddito e gestione delle spese—determina sia l'approvazione che il profitto.

Il primo passo è comprendere che investitori e finanziatori guardano gli stessi numeri in modo diverso. L'investitore vuole massimizzare il flusso di cassa e la crescita nel tempo; il finanziatore vuole minimizzare il rischio. Il successo sta nell'allineare queste due prospettive.

Prezzo di Acquisto

Il prezzo influisce direttamente su:

- Importo del prestito
- Pagamento mensile
- DSCR

  Pagare troppo può far fallire l'approvazione. I migliori investitori guadagnano già al momento dell'acquisto, negoziando o trovando proprietà sottovalutate.

Anticipo (Down Payment)

Tipicamente 20%–25%, ma aumentarlo può:

- Ridurre il prestito
- Abbassare il pagamento mensile
- Migliorare il DSCR

Un anticipo maggiore può trasformare un affare non qualificabile in uno approvato.

Scelta del Prestito

La scelta tra DSCR, Non-QM o ibrido dipende dai tuoi obiettivi. I prestiti DSCR sono spesso ideali per Airbnb perché offrono flessibilità e scalabilità. È fondamentale comprendere:

- Tasso di interesse
- Durata
- Penali di estinzione
- Requisiti di riserva

Proiezione del Reddito

Molti affari falliscono qui. Le proiezioni devono essere:

- Conservative
- Supportate da dati reali
- Allineate al mercato

I finanziatori preferiscono stime realistiche rispetto a numeri ottimistici.

Ottimizzazione del Reddito

Per aumentare il valore dell'operazione:

- Migliora l'ADR (tariffa media giornaliera)
- Aumenta l'occupazione
- Aggiungi servizi e design premium
  Piccoli miglioramenti possono aumentare significativamente il NOI e il DSCR.

Gestione delle Spese

Molti principianti sottovalutano i costi:

- Pulizie
- Utenze
- Commissioni
- Manutenzione

Gestire bene le spese aumenta il profitto e migliora la qualificazione.

Riserve

I finanziatori richiedono spesso mesi di pagamenti in riserva. Avere più liquidità:

- Riduce il rischio
- Migliora l'approvazione
- Offre flessibilità operativa

Strategia di Uscita (Exit Strategy)

Devi pianificare:

- Rifinanziamento
- Vendita
- Estrazione di equity

Una buona struttura iniziale ti permette di adattarti al mercato.

Selezione del Mercato e della Proprietà

Il successo dipende da:

- Domanda turistica
- Regolamenti locali
- Tipo di immobile

Scegliere il mercato giusto migliora automaticamente reddito e DSCR.

Mentalità Corretta

Non chiederti: "Posso permettermelo?"
Chiediti: "Questa proprietà si qualifica e produce profitto?"

Questo cambio di mentalità è fondamentale per scalare.

Strategia di Compensazione

Se hai un punto debole (es. poca esperienza), puoi compensare con:

- Anticipo maggiore
- Riserve elevate
- Proprietà più forte

Team e Relazioni

Collaborare con broker e finanziatori specializzati aumenta le probabilità di successo.

Esempio Pratico: Strutturare un Affare Redditizio

Un investitore, Jason, analizza una proprietà da $420.000.

Scenario iniziale:

- Anticipo: 20% ($84.000)
- Prestito: $336.000
- Spese mensili: ~$3.000
- Reddito netto: $3.519
- DSCR: 1,17 → Non approvato

Ristrutturazione dell'affare:

1. **Negozia il prezzo → $400.000**
   - Spese ridotte a ~$2.850
2. **Aumenta anticipo al 25% ($100.000)**
   - Spese ridotte a ~$2.650
3. **Ottimizza reddito:**
   - ADR: $250
   - Occupazione: 72%
   - Reddito netto: $4.050

Nuovo DSCR:

$4.050 ÷ $2.650 = 1,53 → Approvato

Cash Flow:

- $1.400/mese
- $16.800/anno

Investimento totale:

- $120.000

Rendimento (Cash-on-Cash):

- 14%

Conclusione

Questo esempio dimostra che il successo non dipende solo dalla proprietà, ma da come strutturi l'affare. Piccole modifiche in prezzo, anticipo e gestione possono trasformare completamente i risultati.

La lezione chiave: non accettare i numeri iniziali. Ottimizza ogni variabile.

Quando impari a strutturare correttamente i tuoi affari, crei un sistema replicabile—ed è così che costruisci un portafoglio Airbnb scalabile e altamente redditizio.

Capitolo 6

Rischio, Normative e Sostenibilità a Lungo Termine nel Finanziamento Airbnb

Man mano che approfondisci gli investimenti Airbnb e il loro finanziamento, diventa fondamentale comprendere non solo come ottenere l'approvazione per un prestito, ma anche come sostenere e proteggere l'investimento nel tempo. Molti nuovi investitori si concentrano sul potenziale di reddito e sull'approvazione del mutuo, trascurando i rischi che possono influenzare il successo a lungo termine.

Il rischio negli investimenti Airbnb è diverso da quello immobiliare tradizionale. Negli affitti a lungo termine, il rischio è legato alla stabilità dell'inquilino. Con Airbnb, invece, il reddito dipende da molte variabili: occupazione, stagionalità, concorrenza, strategia di prezzo e qualità dell'esperienza degli ospiti.

Per i finanziatori, la domanda principale è: l'immobile genera reddito sufficiente per coprire il debito? Per questo motivo, i requisiti DSCR sono generalmente superiori a 1,20, creando un margine di sicurezza contro le fluttuazioni.

Rischi Principali negli Airbnb

1. Volatilità del Reddito

Il reddito può variare durante l'anno. Le stagioni di punta generano alti guadagni, mentre i periodi lenti possono ridurre significativamente le entrate. Basarsi solo sui mesi migliori è rischioso.

2. Concorrenza

Con l'ingresso di nuovi investitori, aumenta la competizione. Questo può ridurre prezzi e occupazione. Proprietà con design, servizi e marketing migliori mantengono performance più elevate.

3. Rischio Operativo

Una cattiva gestione porta a:

- Recensioni negative
- Meno prenotazioni
- Reddito inferiore

Una gestione efficace (personale o professionale) è essenziale.

4. Normative (Regolamentazione)

Le leggi locali possono includere:

- Licenze obbligatorie

- Restrizioni di zonizzazione
- Limiti di occupazione
- Divieti totali

Non rispettare le normative può portare a multe o impossibilità di operare. È fondamentale verificare le regole prima di acquistare.

5. Rischio Economico

Una recessione può ridurre i viaggi e quindi l'occupazione. Diversificare i mercati aiuta a mitigare questo rischio.

6. Rischio Tassi di Interesse

Tassi più alti o variabili possono aumentare i costi e ridurre il profitto.

7. Assicurazione e Responsabilità

Gli Airbnb richiedono polizze specifiche. Una copertura standard spesso non è sufficiente.

8. Riserve di Liquidità

Avere riserve è fondamentale per:

- Coprire periodi difficili
- Gestire imprevisti
- Mantenere stabilità

Molti investitori esperti mantengono più riserve di quelle richieste.

Sostenibilità a Lungo Termine

Il successo non dipende solo dal profitto, ma dalla capacità di adattarsi:

- Monitorare il mercato
- Aggiornare prezzi e strategia
- Migliorare la proprietà
- Ottimizzare la gestione

Gli Airbnb devono essere trattati come un business attivo, non passivo.

Scalabilità e Sistema

Con più proprietà, aumenta la complessità. È importante:

- Creare processi standard
- Usare tecnologia
- Costruire un team affidabile

Strategia di Uscita

Devi pianificare:

- Rifinanziamento
- Vendita
- Conversione in affitto a lungo termine

Esempio Pratico: Stress Test di un Investimento

Un'investitrice, Sophia, acquista una proprietà da $500.000:

- Anticipo: 25% ($125.000)
- Prestito: $375.000
- Spese mensili: ~$3.400

Scenario base:

- ADR: $260
- Occupazione: 72%
- Reddito netto: $4.212
- DSCR: 1,24 → Buono

Scenario 1: Occupazione scende al 60%

- Reddito netto: $3.510
- DSCR: 1,03 → Margine minimo

Scenario 2: Prezzo scende a $230 ADR

- DSCR: 1,10 → Sotto il target

Scenario 3: Peggior caso (ADR + occupazione in calo)

- DSCR: 0,91 → Non sostenibile

Strategie di Mitigazione

Sophia migliora la sicurezza dell'investimento:

- Riserva di 6 mesi (~$20.400)
- Miglioramenti alla proprietà (design, servizi)
- Diversificazione (affitti brevi + medio termine)
- Conformità normativa

Conclusione

Il successo negli Airbnb non riguarda solo il guadagno, ma la gestione del rischio.

La lezione chiave:
Il rischio non va evitato—va gestito.

Con la giusta strategia, puoi costruire un business Airbnb resiliente, capace di generare reddito costante e crescere nel tempo anche in condizioni di mercato variabili.

Capitolo 7

Costruire un Portafoglio Airbnb Scalabile Utilizzando Strategie di Finanziamento Intelligenti

Una volta che hai compreso come qualificarti per un mutuo Airbnb e strutturare un affare redditizio, il passo successivo è la scalabilità. È qui che si costruisce la vera ricchezza: non possedendo una sola proprietà, ma controllando più asset che generano reddito e lavorano insieme come un sistema.

La scalabilità inizia con un cambiamento di mentalità. Il primo affare non è il traguardo, ma la base. Gli investitori di successo vedono ogni proprietà come un passo verso un sistema ripetibile di acquisizione, stabilizzazione e crescita.

Leva Finanziaria (Leverage)

Uno degli strumenti più potenti è la leva. Con il finanziamento, puoi controllare asset di valore elevato con capitale limitato. I prestiti DSCR sono ideali perché valutano ogni proprietà singolarmente, permettendo una crescita più rapida.

Performance di Ogni Proprietà

Per scalare, ogni immobile deve:

- Soddisfare i requisiti DSCR
- Generare flusso di cassa positivo
- Essere gestito in modo efficiente

Ogni proprietà di successo rende più facile ottenere il finanziamento per la successiva.

Riciclo del Capitale (Refinancing)

Invece di lasciare l'equity bloccata:

- Rifinanzia
- Estrai liquidità
- Reinveste in nuove proprietà

Questa strategia accelera la crescita senza richiedere continuamente nuovo capitale.

Strategia BRRRR (Adattata ad Airbnb)

- Buy (Acquista)
- Rehab (Migliora)
- Rent (Affitta su Airbnb)
- Refinance (Rifinanzia)
- Repeat (Ripeti)

Questo metodo permette di costruire rapidamente un portafoglio.

Diversificazione

Per ridurre il rischio:

- Investi in mercati diversi
- Diversifica tipologie di proprietà
- Bilancia stagionalità

Esempio: proprietà al mare (stagionali) + città (domanda costante).

Efficienza Operativa

Con più proprietà servono sistemi:

- Automazione prezzi
- Gestione prenotazioni
- Coordinamento pulizie
- Manutenzione

Puoi usare tecnologia o società di gestione.

Strategia di Finanziamento Evoluta

Con il tempo puoi:

- Combinare prestiti DSCR, Non-QM e tradizionali
- Usare asset esistenti come leva
- Ottenere condizioni migliori tramite relazioni con finanziatori

Disciplina Finanziaria

Evita di crescere troppo velocemente:

- Mantieni cash flow positivo
- Conserva riserve
- Controlla il DSCR

La crescita sostenibile è più importante della crescita rapida.

Credito e Tassazione

- Mantieni un buon punteggio di credito
- Ottimizza la strategia fiscale (deprezzamento, deduzioni, LLC)

Effetto "Snowball"

Man mano che cresci:

- Aumenta il reddito
- Cresce l'equity
- Migliora l'accesso al credito

Questo crea un effetto acceleratore sulla crescita.

Visione a Lungo Termine

Non si tratta solo di acquistare immobili, ma di costruire un sistema di reddito sostenibile e scalabile.

Esempio Pratico: Da 1 a 5 Proprietà Airbnb

Ryan acquista la sua prima proprietà:

- Prezzo: $400.000
- Anticipo: $100.000
- Prestito: $300.000
- Spese: $2.800/mese
- Reddito netto: $4.200
- Cash flow: $1.400/mese
- DSCR: 1,50

Fase 2: Rifinanziamento

Dopo 1 anno:

- Valore: $440.000
- Rifinanziamento al 75% → $330.000
- Equity estratta: $30.000

Ryan combina:

- $30.000 equity
- $70.000 risparmi

→ Acquista seconda proprietà

Fase 3: Crescita del Portafoglio

- 2 proprietà → $2.700/mese
- 3 proprietà → ~$4.000/mese
- 5 proprietà → $6.500/mese

Risultato finale:

- Cash flow annuale: $78.000
- Capitale investito: ~$400.000
- Valore portafoglio: > $2.000.000

Conclusione

Questo esempio dimostra il potere della leva e del riciclo del capitale.

La lezione chiave:
La scalabilità non riguarda la velocità—ma la consistenza e la strategia.

Con il giusto approccio, puoi trasformare una singola proprietà Airbnb in un portafoglio completo che genera reddito stabile e costruisce ricchezza a lungo termine.

Capitolo 8

Rifinanziamento, Strategie Cash-Out e Riciclo dell'Equity per Investitori Airbnb

Una volta che hai compreso come qualificarti per un mutuo Airbnb e strutturare un affare redditizio, il passo successivo è la scalabilità. È qui che si costruisce la vera ricchezza: non possedendo una sola proprietà, ma controllando più asset che generano reddito e lavorano insieme come un sistema.

La scalabilità inizia con un cambiamento di mentalità. Il primo affare non è il traguardo, ma la base. Gli investitori di successo vedono ogni proprietà come un passo verso un sistema ripetibile di acquisizione, stabilizzazione e crescita.

Leva Finanziaria (Leverage)

Uno degli strumenti più potenti è la leva. Con il finanziamento, puoi controllare asset di valore elevato con capitale limitato. I prestiti DSCR sono ideali perché valutano ogni proprietà singolarmente, permettendo una crescita più rapida.

Performance di Ogni Proprietà

Per scalare, ogni immobile deve:

- Soddisfare i requisiti DSCR
- Generare flusso di cassa positivo
- Essere gestito in modo efficiente

Ogni proprietà di successo rende più facile ottenere il finanziamento per la successiva.

Riciclo del Capitale (Refinancing)

Invece di lasciare l'equity bloccata:

- Rifinanzia
- Estrai liquidità
- Reinveste in nuove proprietà

Questa strategia accelera la crescita senza richiedere continuamente nuovo capitale.

Strategia BRRRR (Adattata ad Airbnb)

- Buy (Acquista)
- Rehab (Migliora)
- Rent (Affitta su Airbnb)
- Refinance (Rifinanzia)
- Repeat (Ripeti)

Questo metodo permette di costruire rapidamente un portafoglio.

Diversificazione

Per ridurre il rischio:

- Investi in mercati diversi
- Diversifica tipologie di proprietà
- Bilancia stagionalità

Esempio: proprietà al mare (stagionali) + città (domanda costante).

Efficienza Operativa

Con più proprietà servono sistemi:

- Automazione prezzi
- Gestione prenotazioni
- Coordinamento pulizie
- Manutenzione

Puoi usare tecnologia o società di gestione.

Strategia di Finanziamento Evoluta

Con il tempo puoi:

- Combinare prestiti DSCR, Non-QM e tradizionali
- Usare asset esistenti come leva
- Ottenere condizioni migliori tramite relazioni con finanziatori

Disciplina Finanziaria

Evita di crescere troppo velocemente:

- Mantieni cash flow positivo
- Conserva riserve
- Controlla il DSCR

La crescita sostenibile è più importante della crescita rapida.

Credito e Tassazione

- Mantieni un buon punteggio di credito
- Ottimizza la strategia fiscale (deprezzamento, deduzioni, LLC)

Effetto "Snowball"

Man mano che cresci:

- Aumenta il reddito
- Cresce l'equity
- Migliora l'accesso al credito

Questo crea un effetto acceleratore sulla crescita.

Visione a Lungo Termine

Non si tratta solo di acquistare immobili, ma di costruire un sistema di reddito sostenibile e scalabile.

Esempio Pratico: Da 1 a 5 Proprietà Airbnb

Ryan acquista la sua prima proprietà:

- Prezzo: $400.000
- Anticipo: $100.000
- Prestito: $300.000
- Spese: $2.800/mese
- Reddito netto: $4.200
- Cash flow: $1.400/mese
- DSCR: 1,50

Fase 2: Rifinanziamento

Dopo 1 anno:

- Valore: $440.000
- Rifinanziamento al 75% → $330.000
- Equity estratta: $30.000

Ryan combina:

- $30.000 equity
- $70.000 risparmi

→ Acquista seconda proprietà

Fase 3: Crescita del Portafoglio

- 2 proprietà → $2.700/mese
- 3 proprietà → ~$4.000/mese
- 5 proprietà → $6.500/mese

Risultato finale:

- Cash flow annuale: $78.000
- Capitale investito: ~$400.000
- Valore portafoglio: > $2.000.000

Conclusione

Questo esempio dimostra il potere della leva e del riciclo del capitale.

La lezione chiave:
La scalabilità non riguarda la velocità—ma la consistenza e la strategia.

Con il giusto approccio, puoi trasformare una singola proprietà Airbnb in un portafoglio completo che genera reddito stabile e costruisce ricchezza a lungo termine.

Capitolo 9

Finanziare Proprietà Airbnb Multi-Unità (2–4 Unità e Piccoli Multifamiliari)

Man mano che avanzi nel tuo percorso di investimento Airbnb, uno dei modi più potenti per accelerare la crescita è passare a proprietà multi-unità. Duplex, triplex, fourplex e piccoli edifici multifamiliari offrono l'opportunità di generare più flussi di reddito da un unico asset. Nel contesto del finanziamento Airbnb, queste proprietà introducono sia vantaggi che complessità che richiedono una comprensione più approfondita dell'underwriting, del calcolo del reddito e della strutturazione dell'operazione.

Le proprietà multi-unità si distinguono da quelle unifamiliari per un aspetto fondamentale: la diversificazione del reddito all'interno dello stesso immobile. Invece di dipendere da una sola unità, più unità contribuiscono al reddito totale, aumentando la stabilità e riducendo il rischio. Se una unità ha un'occupazione inferiore, le altre possono compensare. Dal punto di vista del finanziatore, questa diversificazione può rafforzare il profilo del prestito, a condizione che i numeri siano strutturati correttamente. Tuttavia, il finanziamento non è sempre semplice, perché i finanziatori devono valutare l'uso di ciascuna unità, la conformità normativa e il metodo di calcolo del reddito. Alcuni trattano immobili da 2–4 unità come residenziali, altri li considerano più simili a immobili commerciali se utilizzati interamente per affitti brevi.

Il calcolo del reddito è uno degli aspetti più importanti. Invece di analizzare un singolo flusso, i finanziatori valutano il reddito combinato di tutte le unità, considerando ADR e tasso di occupazione per ciascuna. Questo può aumentare significativamente il reddito totale, ma anche le spese crescono, includendo pulizie, utenze, manutenzione e gestione per ogni unità. Il bilanciamento tra entrate e costi è essenziale per ottenere un DSCR solido.

Le normative e la zonizzazione sono ancora più rilevanti per le proprietà multi-unità. Alcuni comuni consentono Airbnb per abitazioni singole ma lo limitano per edifici multi-unità. Possono essere richieste licenze specifiche o esistere limiti sull'uso. I finanziatori richiedono spesso conferma della conformità normativa, quindi scegliere mercati favorevoli è fondamentale.

Le opzioni di finanziamento includono principalmente prestiti DSCR e Non-QM. I mutui tradizionali possono essere utilizzati per proprietà 2–4 unità, soprattutto se una unità è occupata dal proprietario, ma spesso sottovalutano il potenziale degli affitti brevi. I prestiti DSCR sono generalmente preferiti perché si basano sul reddito della proprietà. Grazie ai flussi multipli, questi immobili possono ottenere DSCR più elevati e maggiore margine di sicurezza. Tuttavia, richiedono più capitale iniziale e comportano costi operativi più elevati.

La gestione è più complessa rispetto a una singola unità. È necessario coordinare prenotazioni, pulizie e manutenzione per più unità contemporaneamente. Molti investitori utilizzano società di gestione per garantire efficienza, anche se ciò aumenta i costi. Esistono anche strategie ibride, come affittare alcune unità a lungo termine e altre su Airbnb, creando un equilibrio tra stabilità e rendimento. Un'altra strategia è l'house hacking, vivendo in una unità e affittando le altre, che può consentire accesso a finanziamenti più favorevoli.

Le proprietà multi-unità permettono una scalabilità più efficiente. Invece di acquistare più case singole, puoi ottenere più flussi di reddito con una sola acquisizione, riducendo costi e semplificando la gestione. Tuttavia, la gestione del rischio resta fondamentale. Anche con reddito diversificato, bisogna mantenere riserve adeguate, DSCR solidi e una gestione efficiente.

Un aspetto importante è la valutazione. Gli immobili multi-unità possono essere valutati in base al reddito piuttosto che ai comparabili, offrendo opportunità di aumentare il valore attraverso l'ottimizzazione delle performance.

Esempio pratico: Kevin analizza un duplex da $600.000 con un anticipo del 25% ($150.000) e un prestito di $450.000. Il pagamento totale mensile è circa $4.200. Ogni unità ha un ADR di $190 e un'occupazione del 70%, generando $3.990 al mese per unità, per un totale di $7.980. Con spese del 30% ($2.394), il reddito netto è $5.586. Il DSCR è $5.586 ÷ $4.200 = 1,33, superiore ai requisiti. Il cash flow mensile è $1.386. Dopo miglioramenti (ADR $210 e occupazione 75%), il reddito lordo sale a $9.450, il reddito netto a $6.615, il DSCR a 1,58 e il cash flow a $2.415 mensili.

Conclusione: questo esempio dimostra il potere delle proprietà multi-unità Airbnb. Più unità significano più reddito, maggiore stabilità e maggiore scalabilità. Piccoli miglioramenti applicati a più unità producono un impatto significativo su redditività e valore. Con la giusta strategia, queste proprietà possono diventare uno dei pilastri principali di un portafoglio Airbnb altamente performante e in crescita.

Capitolo 10

Strutturazione Avanzata dei Mutui Airbnb Utilizzando DSCR, Prestiti Basati su Asset e Finanziamento Creativo

Arrivato a questo livello del tuo percorso negli investimenti Airbnb, non stai più pensando come un principiante, ma come uno stratega. Hai già compreso come qualificarti per i prestiti, analizzare il reddito e strutturare operazioni per ottenere approvazione. Il passo successivo è padroneggiare la strutturazione avanzata dei finanziamenti. È qui che gli investitori di alto livello si distinguono: non utilizzano un solo metodo, ma combinano più strategie per chiudere operazioni, scalare più velocemente e ottimizzare sia il flusso di cassa che la crescita dell'equity.

La strutturazione avanzata si basa sulla flessibilità. Ogni operazione è diversa e la capacità di adattare il finanziamento al caso specifico è un vantaggio competitivo enorme. Non si tratta più di chiedersi quale prestito ottenere, ma come combinare diversi strumenti per rendere l'operazione possibile e profittevole.

Il punto di partenza resta il prestito DSCR, ma a un livello avanzato viene utilizzato in modo strategico e combinato con altre soluzioni. Ad esempio, puoi acquisire con un DSCR, aumentare il reddito e poi rifinanziare con un altro DSCR per liberare equity. Oppure puoi affiancarlo a prestiti basati su asset, che permettono di qualificarsi utilizzando liquidità come conti bancari o investimenti invece del reddito. Questa combinazione crea una struttura ibrida in cui l'immobile si qualifica tramite reddito mentre gli asset rafforzano il profilo complessivo, consentendo approvazioni più elevate o condizioni migliori.

Un'altra tecnica avanzata è la cross-collateralization, ovvero l'utilizzo dell'equity di una proprietà per finanziare un'altra. Questo permette di ridurre l'uso di capitale liquido, ma aumenta il rischio perché lega più asset tra loro. Il finanziamento creativo amplia ulteriormente le possibilità, includendo seller financing, operazioni subject-to e partnership. Il seller financing consente di negoziare direttamente con il venditore, mentre il subject-to permette di acquisire una proprietà mantenendo il mutuo esistente. Le partnership permettono di combinare capitale, credito e competenze per completare operazioni più grandi.

Un approccio molto utilizzato è la stratificazione del finanziamento nello stesso affare. Ad esempio, puoi utilizzare un prestito DSCR per il 75% del prezzo, una linea di credito (HELOC) per parte dell'anticipo e capitale proprio per il resto. Questo riduce l'esborso iniziale ma aumenta la leva, quindi richiede analisi accurata. Anche i prestiti interest-only possono migliorare il flusso di cassa nel breve periodo, mentre i bridge loans sono ideali per acquistare e migliorare rapidamente proprietà da rifinanziare successivamente.

Gli investitori avanzati si concentrano anche sull'ottimizzazione dei termini del prestito, non solo sull'approvazione. Tassi, durata e penali di estinzione influenzano la flessibilità futura. A livello di portafoglio, ogni operazione deve essere valutata in relazione alle altre, mantenendo DSCR solidi e cash flow positivo complessivo. La gestione del rischio diventa ancora più importante: maggiore leva significa maggiore esposizione, quindi è essenziale mantenere riserve, diversificare e evitare un eccesso di debito. Anche il tempismo gioca un ruolo fondamentale, così come la strategia fiscale, che può includere strutture societarie e ottimizzazione del deprezzamento.

Esempio pratico: Michael individua una proprietà da $800.000 in un mercato ad alta domanda. Invece di versare il

25% standard ($200.000), struttura l'operazione utilizzando un prestito DSCR per il 75% ($600.000) con una spesa mensile totale di circa $5.200. Utilizza $100.000 da una HELOC e $100.000 di capitale proprio. Inizialmente, con un ADR di $320 e occupazione del 72%, il reddito netto è $5.184 e il DSCR è sotto 1,0, quindi non qualificato. Michael investe $50.000 in miglioramenti (arredi di lusso, piscina, spazi esterni), aumentando ADR a $380 e occupazione al 75%. Il reddito netto sale a $6.412 e il DSCR a 1,23, permettendo l'approvazione. Il cash flow è di $1.212 al mese. Dopo un anno, il valore sale a $920.000 e Michael rifinanzia al 75% LTV ottenendo circa $90.000 di equity da reinvestire.

Conclusione: questo esempio dimostra come la strutturazione avanzata possa trasformare un affare inizialmente non qualificabile in un investimento altamente redditizio. Combinando DSCR, asset, leva e ottimizzazione operativa, è possibile creare opportunità dove altri vedono ostacoli. La lezione chiave è che esistono sempre più modi per strutturare un'operazione. Quando padroneggi queste strategie, passi da semplice investitore a vero imprenditore immobiliare, capace di costruire un portafoglio scalabile e sostenibile nel tempo.

Capitolo 11

Costruire Sistemi, Automazione e Operazioni per un Business Airbnb Scalabile

Molti investitori sottovalutano questa transizione. Gestire una singola proprietà può sembrare semplice, ma più proprietà aumentano rapidamente la complessità senza sistemi adeguati. È qui che operazioni, automazione e sistemi scalabili diventano la base del successo a lungo termine.

Nelle fasi iniziali, puoi gestire manualmente prenotazioni, comunicazione con gli ospiti, pulizie e prezzi. Tuttavia, questo approccio diventa insostenibile con la crescita. Il vero segreto della scalabilità non è lavorare di più, ma costruire sistemi che riducono l'attrito e aumentano l'efficienza. Il primo passo è la standardizzazione. Ogni proprietà deve seguire lo stesso schema operativo: creazione dell'annuncio, comunicazione con gli ospiti, pulizie e manutenzione. Questo riduce errori, migliora l'esperienza e rende più facile delegare o automatizzare.

L'ottimizzazione degli annunci è fondamentale. Fotografie professionali, descrizioni persuasive e una proposta di valore chiara aumentano le prenotazioni e permettono di applicare prezzi più alti. Creare un processo replicabile per ogni nuova proprietà garantisce performance elevate fin dall'inizio. La strategia di pricing è un altro elemento chiave. I prezzi Airbnb sono dinamici e influenzati da domanda, eventi e stagionalità. L'automazione tramite software di dynamic pricing consente di massimizzare i ricavi senza dover aggiornare manualmente i prezzi.

La comunicazione con gli ospiti è cruciale per ottenere recensioni positive. Automatizzare messaggi come conferme, istruzioni di check-in e follow-up riduce il tempo richiesto e mantiene alta la qualità del servizio. Pulizia e manutenzione sono pilastri operativi: standard elevati garantiscono recensioni migliori e più prenotazioni. Con più unità, è essenziale avere checklist, fornitori affidabili e sistemi di programmazione.

La gestione multicanale è un altro aspetto importante. Pubblicare su più piattaforme aumenta la visibilità, ma richiede sincronizzazione per evitare errori. Software dedicati aiutano a gestire disponibilità e prenotazioni automaticamente. Anche il monitoraggio finanziario diventa essenziale. Devi tracciare: reddito, spese, occupazione, ADR, NOI e cash flow per ogni proprietà. Questo consente decisioni basate sui dati. L'automazione finanziaria riduce il lavoro amministrativo e fornisce analisi in tempo reale.

La costruzione di un team è fondamentale. Anche con l'automazione, servono persone per gestione, pulizie, manutenzione e supporto clienti. La decisione tra autogestione e gestione professionale dipende dai tuoi obiettivi. L'autogestione offre margini più alti, mentre la gestione professionale facilita la scalabilità.

La tecnologia gioca un ruolo centrale: serrature smart, check-in automatici, monitoraggio del rumore e gestione energetica migliorano efficienza e sicurezza. Inoltre, l'esperienza dell'ospite deve essere fluida e professionale in ogni fase, perché recensioni migliori portano a più prenotazioni.

Man mano che cresci, devi migliorare continuamente i sistemi, adattandoli a più proprietà. La resilienza è fondamentale: devi essere pronto a gestire cancellazioni, problemi tecnici o cambiamenti di domanda. La gestione del tempo è un altro fattore chiave. Il tuo tempo deve essere dedicato ad attività strategiche, non operative. L'automazione e la delega ti permettono di concentrarti sulla crescita. Anche il branding diventa importante, creando un'identità riconoscibile che differenzia le tue proprietà e aumenta la fidelizzazione.

In definitiva, costruire sistemi significa creare un business che funziona senza supervisione costante. Senza sistemi, la crescita diventa caotica; con sistemi, diventa scalabile e sostenibile.

Esempio pratico: Lisa possiede tre proprietà Airbnb, ciascuna con $5.500 di ricavi mensili, spese del 30% ($1.650), reddito netto di $3.850 e cash flow di $1.050 dopo costi di $2.800. Il totale è $3.150 al mese, ma richiede 25 ore settimanali di gestione. Lisa implementa automazione: pricing dinamico, messaggi automatici e una società di pulizie. I ricavi aumentano a $5.900, le spese scendono al 27% ($1.593) e il reddito netto sale a $4.307. Il cash flow diventa $1.507 per proprietà e $4.521 totali, con un aumento di $1.371 al mese. Il tempo di gestione scende a 10 ore settimanali. Con più tempo e maggiore cash flow, Lisa acquisisce altre tre proprietà. Con sei proprietà, il cash flow totale raggiunge $9.042 al mese (oltre $108.000 annui) con circa 18 ore di lavoro settimanali.

Conclusione: questo esempio dimostra che l'automazione non solo aumenta i profitti, ma libera tempo per scalare. La crescita non dipende solo dal numero di proprietà, ma dall'efficienza con cui vengono gestite. Con sistemi solidi, puoi costruire un business Airbnb altamente redditizio, scalabile e sostenibile nel tempo.

Capitolo 12

Strategie di Uscita, Ottimizzazione del Portafoglio e Creazione di Ricchezza a Lungo Termine con Investimenti Airbnb

Arrivato a questo punto del tuo percorso negli investimenti Airbnb, hai imparato come acquisire proprietà, ottenere finanziamenti, ottimizzare il reddito e scalare il tuo portafoglio. Tuttavia, uno degli aspetti più importanti è spesso trascurato: la strategia di uscita. Sapere come e quando uscire—o riposizionare—i tuoi investimenti è fondamentale quanto sapere come acquistarli. Una strategia di uscita non significa semplicemente vendere, ma avere un piano chiaro su come ogni proprietà si inserisce nei tuoi obiettivi finanziari complessivi. Questo include decidere se mantenere, rifinanziare, convertire o vendere in base al mercato, alla performance e agli obiettivi personali.

Una delle strategie più comuni è il mantenimento a lungo termine, che permette di beneficiare sia del cash flow che dell'apprezzamento nel tempo. Con l'aumento del valore degli immobili e la riduzione del debito, cresce anche l'equity, creando ricchezza nel lungo periodo. Tuttavia, mantenere indefinitamente non è sempre la scelta migliore. I mercati cambiano, le normative evolvono e le performance possono variare, quindi è importante valutare quando vendere per massimizzare il ritorno.

Un'altra strategia è rifinanziare e mantenere. Invece di vendere, puoi estrarre equity e reinvestirla mantenendo il flusso di reddito. Questo approccio accelera la crescita del portafoglio ed è una delle strategie più utilizzate per creare ricchezza. L'ottimizzazione del portafoglio richiede un'analisi continua delle proprietà, valutando cash flow, DSCR, occupazione e rendimento. Le proprietà meno performanti possono essere migliorate, convertite o sostituite.

La conversione è un'altra leva strategica. Puoi passare da affitti brevi a lungo termine o viceversa in base alle condizioni di mercato e normative. Questo offre flessibilità e protezione del reddito. Lo scambio 1031 è uno strumento potente per differire le tasse sulle plusvalenze, permettendo di reinvestire in proprietà più grandi o più redditizie senza perdere capitale.

Il tempismo è essenziale. Vendere in un mercato forte massimizza i profitti, mentre mantenere durante un calo può consentire di beneficiare della futura ripresa. Anche la gestione del debito è cruciale: rifinanziare, ridurre o ristrutturare il debito può migliorare cash flow e ridurre il rischio.

Il cash flow resta il pilastro della stabilità finanziaria, mentre l'apprezzamento contribuisce alla crescita del patrimonio netto. La diversificazione tra mercati e tipologie di proprietà riduce il rischio e migliora la resilienza del portafoglio. Le strategie fiscali, come deprezzamento e deduzioni, possono aumentare significativamente i rendimenti netti, mentre la pianificazione patrimoniale consente di creare ricchezza generazionale.

Con la maturità del portafoglio, l'obiettivo può spostarsi dalla crescita alla preservazione del capitale, riducendo il rischio e stabilizzando il reddito. L'analisi a livello di portafoglio diventa fondamentale, considerando cash flow totale, DSCR medio, equity complessiva e rendimento. Anche la liquidità è importante, poiché gli immobili non sono facilmente convertibili in contanti. Avere accesso a linee di credito o riserve permette di cogliere opportunità e affrontare imprevisti.

In definitiva, l'obiettivo non è solo possedere immobili, ma costruire un sistema che generi ricchezza nel tempo. Questo richiede pianificazione strategica, disciplina e ottimizzazione continua.

Esempio pratico: David possiede quattro proprietà Airbnb, ciascuna con valore di $500.000, saldo del prestito di $350.000, reddito netto mensile di $4.500 e spese di $3.200, generando $1.300 di cash flow per proprietà e $5.200 totali al mese. Con l'apprezzamento, ogni proprietà sale a $600.000, portando l'equity a $250.000 per immobile e $1.000.000 totali. Se David mantiene le proprietà, continua a generare $62.400 annui. Se rifinanzia al 75% LTV, può estrarre $100.000 per proprietà, per un totale di $400.000, ma il cash flow scende a $700 per proprietà ($2.800 totali). Utilizzando i $400.000 per acquistare due nuove proprietà con $1.200 di cash flow ciascuna, il portafoglio cresce a sei proprietà e il cash flow totale torna a $5.200 al mese. In alternativa, vendendo una proprietà a $600.000, ottiene circa $230.000 netti e può reinvestirli in una proprietà multifamiliare che genera $2.500 al mese, aumentando il reddito complessivo.

Conclusione: questo esempio dimostra che non esiste una strategia unica. Mantenere offre stabilità, rifinanziare permette di crescere e vendere consente di riposizionarsi. La scelta migliore dipende dai tuoi obiettivi, dal mercato e dalla tua tolleranza al rischio. Il vero successo non si misura dal numero di proprietà, ma da quanto efficacemente lavorano insieme per generare reddito, equity e ricchezza a lungo termine.

Capitolo 13

Creare un Sistema Ripetibile per Trovare Operazioni e Finanziare Investimenti Airbnb

A questo punto del tuo percorso, hai imparato come funziona il finanziamento Airbnb, come strutturare operazioni, scalare un portafoglio e gestire le proprietà. L'evoluzione finale è trasformare tutto ciò in un sistema ripetibile—una macchina che trova, analizza, finanzia e chiude operazioni in modo costante. È qui che l'investimento smette di essere occasionale e diventa prevedibile.

La maggior parte degli investitori non fallisce per mancanza di conoscenza, ma per mancanza di sistemi. Si affidano a opportunità casuali, analisi incoerenti e decisioni reattive. Un sistema elimina l'incertezza. Ti permette di individuare rapidamente operazioni di qualità, valutarle con precisione e agire con sicurezza. Questo diventa il tuo vantaggio competitivo.

La base del sistema è la generazione costante di opportunità. Devi creare un flusso continuo di immobili tramite MLS, off-market, wholesaler, marketing diretto e strumenti basati sui dati. L'obiettivo non è trovare una singola proprietà, ma avere un pipeline costante che ti permetta di essere selettivo.

La selezione del mercato è altrettanto importante. Devi valutare domanda turistica, occupazione, ADR, regolamentazioni e concorrenza. Concentrarti su mercati adatti aumenta drasticamente la probabilità di successo. Una volta trovate le opportunità, il sistema passa all'analisi. Ogni operazione deve essere valutata con lo stesso framework: prezzo, reddito, spese, DSCR, cash flow e rendimento. Questo ti permette di confrontare rapidamente le opportunità e scegliere le migliori.

La velocità è un vantaggio competitivo. Un sistema ben definito ti consente di analizzare rapidamente e prendere decisioni senza esitazioni. Il finanziamento deve essere preparato in anticipo, con relazioni già attive con finanziatori DSCR e Non-QM. Questo ti permette di muoverti rapidamente quando trovi un buon affare.

Il sistema deve includere anche strategie di strutturazione. Se un'operazione non si qualifica, devi sapere come modificarla—anticipo, tipo di prestito o proiezioni—per renderla approvabile. La due diligence è un altro elemento chiave: devi verificare dati di mercato, condizioni dell'immobile, normative e proiezioni. Questo riduce il rischio e protegge il tuo investimento.

La negoziazione influisce direttamente sulla redditività. Ogni dollaro risparmiato migliora il DSCR e il cash flow. Dopo aver messo sotto contratto una proprietà, il sistema deve guidarti nel closing, coordinando finanziatori, perizie e ispezioni. Dopo la chiusura, si passa alla stabilizzazione e ottimizzazione, con l'obiettivo di raggiungere performance solide il più velocemente possibile.

Il monitoraggio delle performance è fondamentale. Devi tracciare occupazione, ADR, reddito e cash flow per identificare miglioramenti. L'automazione gioca un ruolo chiave, riducendo il lavoro manuale e aumentando l'efficienza. Anche il team è parte del sistema: agenti, finanziatori, manutentori e gestori ti permettono di concentrarti sulla crescita.

La coerenza è ciò che rende il sistema efficace. Devi applicarlo a ogni operazione senza eccezioni. Inoltre, il sistema deve evolversi nel tempo, migliorando grazie all'esperienza e ai risultati. Scalare significa aumentare il numero di operazioni mantenendo la qualità. Questo può includere espansione in nuovi mercati o partnership strategiche.

La gestione del rischio è integrata nel sistema. Devi mantenere riserve, diversificare e utilizzare ipotesi conservative. Infine, il sistema deve essere allineato ai tuoi obiettivi a lungo termine, che siano cash flow, apprezzamento o crescita del portafoglio.

Esempio pratico: Chris costruisce un sistema con criteri chiari: prezzo tra $300.000 e $500.000, DSCR minimo 1,25, cash flow minimo $1.000, occupazione target 65%–75% e ADR tra $200 e $300. Analizza 50 proprietà al mese, ne seleziona 10, approfondisce 3 e chiude 2 all'anno. In un'operazione tipica, acquista a $400.000 con anticipo di $100.000 e prestito da $300.000. Con ADR $240 e occupazione 70%, genera $5.040 di reddito lordo, $3.780 netto, DSCR 1,35 e cash flow $980. Dopo ottimizzazione (ADR $260 e occupazione 72%), il reddito netto sale a $4.212, il DSCR a 1,50 e il cash flow a $1.412. Ripetendo il sistema, dopo un anno possiede due proprietà con circa $2.800 al mese e dopo tre anni sei proprietà con oltre $8.000 mensili.

Conclusione: questo esempio dimostra che il successo non è casuale, ma il risultato di un sistema disciplinato. Quando hai un processo chiaro e lo segui costantemente, i risultati diventano prevedibili. Creando un sistema replicabile, trasformi gli investimenti Airbnb in un vero business scalabile, capace di generare reddito e crescita nel lungo termine.

Capitolo 14

Gestione Avanzata del Rischio, Cicli di Mercato e Protezione del Tuo Portafoglio Airbnb

A questo livello, il successo non è più definito solo dall'acquisizione di proprietà o dall'aumento del cash flow, ma dalla capacità di proteggere ciò che hai costruito. Gli investitori avanzati comprendono che i mercati si muovono in cicli, i rischi evolvono nel tempo e la sostenibilità dipende da preparazione, disciplina e adattabilità.

Il primo principio è che il rischio è dinamico. Un affare che oggi appare forte può diventare vulnerabile in futuro a causa di cambiamenti nel mercato, nelle normative o nella concorrenza. Per questo motivo, gli investitori di successo monitorano continuamente le performance, aggiornano le strategie e si preparano a scenari multipli. I cicli di mercato giocano un ruolo centrale: espansione, picco, contrazione e recupero. Durante l'espansione, la domanda cresce e i valori aumentano; al picco, i prezzi possono diventare gonfiati; durante la contrazione, domanda e valori diminuiscono; nella fase di recupero, il ciclo riparte. Comprendere in quale fase ti trovi permette di adattare la strategia, puntando sulla crescita nelle fasi positive e sulla stabilità nelle fasi più difficili.

Uno degli strumenti più importanti è mantenere DSCR solidi. Anche se i finanziatori richiedono spesso un minimo di 1,20, gli investitori esperti puntano a 1,30 o 1,40 per creare un margine di sicurezza. La leva finanziaria è un altro elemento critico: se da un lato accelera la crescita, dall'altro aumenta il rischio. È fondamentale bilanciare debito ed equity per evitare vulnerabilità nei periodi di mercato negativo.

Le riserve di liquidità rappresentano una delle difese più efficaci. Avere da sei a dodici mesi di spese coperti consente di affrontare periodi di bassa occupazione, imprevisti o opportunità di investimento. La diversificazione riduce ulteriormente il rischio, distribuendo gli investimenti tra mercati e tipologie diverse. In questo modo, un calo in un'area può essere compensato da performance migliori in un'altra.

Il rischio normativo è particolarmente rilevante per Airbnb. Cambiamenti nelle leggi locali possono limitare o vietare gli affitti brevi. Scegliere mercati stabili e mantenere la flessibilità di convertire a lungo termine è una strategia efficace. Anche il rischio operativo è importante: una gestione inefficiente porta a recensioni negative e perdita di reddito. Sistemi e automazione aiutano a mantenere standard elevati.

La protezione assicurativa è fondamentale. Le proprietà Airbnb richiedono coperture specifiche che includano responsabilità civile, danni e perdita di reddito. Il rischio economico è un altro fattore da considerare, poiché recessioni o cali della domanda turistica possono ridurre occupazione e prezzi. Anche i tassi di interesse influenzano direttamente la redditività, aumentando i costi del debito e riducendo il cash flow.

Lo stress testing è una tecnica avanzata che permette di simulare scenari negativi, come cali di occupazione, riduzione dei prezzi o aumento dei costi. Questo aiuta a identificare punti deboli e rafforzare il portafoglio. La liquidità è altrettanto importante, poiché gli immobili non sono facilmente convertibili in contanti. Avere accesso a linee di credito o riserve garantisce flessibilità.

A livello avanzato, è fondamentale analizzare il portafoglio nel suo complesso, considerando cash flow totale, DSCR medio, leva e diversificazione. Anche le strategie di uscita fanno parte della gestione del rischio, offrendo opzioni come vendita, rifinanziamento o conversione. Con il tempo, molti investitori riducono l'esposizione, aumentando stabilità e protezione del capitale.

La disciplina mentale è un elemento spesso sottovalutato. Decisioni emotive possono portare a errori, soprattutto nei momenti di volatilità. Gli investitori di successo si basano su dati e strategia, non su reazioni impulsive.

Esempio pratico: Mark possiede cinque proprietà Airbnb da $450.000 ciascuna, con prestito di $315.000, spese mensili di $3.000 e reddito netto di $4.200, generando $1.200 di cash flow per proprietà e $6.000 totali al mese, con DSCR medio di 1,40. In uno scenario di stress con occupazione ridotta al 60%, il reddito scende a $3.600 e il DSCR a 1,20, con cash flow totale di $3.000. Con una riduzione del 10% dell'ADR, il reddito diventa $3.780, il DSCR 1,26 e il cash flow totale $3.900. In uno scenario combinato negativo, il reddito scende a $3.200, il DSCR a 1,07 e il cash flow a $1.000 mensili. Per proteggersi, Mark mantiene riserve di $90.000, diversifica in altri mercati, migliora la qualità delle proprietà e utilizza pricing dinamico.

Conclusione: questo esempio dimostra che la gestione avanzata del rischio non consiste nell'evitare problemi, ma nel prepararsi ad affrontarli. Comprendere i cicli di mercato, mantenere riserve, controllare la leva e ottimizzare le operazioni consente di proteggere il portafoglio anche in condizioni difficili. Il vero obiettivo non è solo crescere, ma costruire un sistema resiliente che possa sostenere il successo nel lungo termine.

Capitolo 15

Da Investitore a Imprenditore – Costruire un Business Airbnb a Lungo Termine e un'Eredità

In questa fase finale del tuo percorso, il focus si sposta dall'acquisizione di proprietà e dalla generazione di reddito alla costruzione di qualcosa di molto più potente: un business Airbnb sostenibile, scalabile e capace di funzionare senza il tuo coinvolgimento costante, creando potenzialmente ricchezza generazionale. Questo è il punto di trasformazione, in cui passi da semplice investitore a vero imprenditore.

La maggior parte degli investitori inizia con una mentalità transazionale, concentrandosi su singoli affari e cash flow mensile. Questo approccio funziona, ma ha limiti. La vera ricchezza non nasce da operazioni isolate, ma da sistemi che producono risultati costanti nel tempo. Il cambiamento fondamentale è passare dal pensare in termini di proprietà al pensare in termini di business.

Il primo passo è riconoscere che il tuo portafoglio Airbnb è un sistema operativo completo. Ogni proprietà è un'unità che genera reddito all'interno di una struttura più ampia che include marketing, pricing, esperienza dell'ospite, operazioni, finanziamento e strategia. Quando questi elementi lavorano insieme, creano un business capace di crescere e adattarsi.

Il branding diventa centrale. Invece di proprietà isolate, crei un'identità coerente con design, qualità ed esperienza standardizzata. Un brand forte costruisce fiducia, aumenta le prenotazioni e genera clienti ricorrenti. L'esperienza dell'ospite diventa il cuore del business: comunicazione, pulizia, dettagli e servizio determinano recensioni e successo a lungo termine.

A questo livello inizi anche a sviluppare prenotazioni dirette. Le piattaforme offrono visibilità, ma limitano il controllo e applicano commissioni. Creare un sito, una lista email o una presenza social ti permette di costruire relazioni dirette e aumentare i margini.

Anche i sistemi finanziari evolvono. Non analizzi più solo singole proprietà, ma l'intero business, considerando margini, DSCR complessivo, leva finanziaria ed efficienza del capitale. Il finanziamento diventa uno strumento strategico, utilizzato per espansione, ottimizzazione e crescita.

La costruzione di un team è essenziale. Un business scalabile richiede persone: gestori, addetti alle pulizie, manutenzione, assistenza clienti e marketing. Delegare permette di concentrarti su strategia e crescita. In parallelo, sviluppi competenze di leadership per guidare il sistema, prendere decisioni e mantenere performance elevate.

La scalabilità è l'obiettivo principale. Un vero business cresce senza aumentare proporzionalmente il tempo richiesto. Questo è possibile attraverso standardizzazione, automazione e integrazione di nuove proprietà nel sistema esistente. La tecnologia è fondamentale: software di gestione, pricing dinamico, automazione e strumenti smart rendono tutto più efficiente.

La diversificazione rafforza il business, espandendo in diversi mercati, tipologie di immobili e segmenti di clientela. La pianificazione a lungo termine diventa strategica, con obiettivi a 5 o 10 anni che guidano le decisioni. Inoltre, puoi creare nuove fonti di reddito, come consulenza, partnership o espansione del brand.

La costruzione di un'eredità è l'obiettivo finale. Gli immobili possono creare ricchezza generazionale, ma è necessario strutturare il business in modo che continui a funzionare nel tempo. Questo include pianificazione patrimoniale, strutture societarie e sistemi autonomi.

La gestione del rischio resta fondamentale: più cresce il business, più aumenta l'esposizione. Riserve, gestione del debito e adattabilità proteggono il portafoglio. Allo stesso tempo, puoi progettare il tuo stile di vita, utilizzando il business per ottenere libertà, flessibilità e tempo.

Esempio pratico: Anthony possiede quattro proprietà, ciascuna con $6.000 di ricavi mensili, spese del 28% ($1.680), reddito netto di $4.320 e costi di $3.000, generando $1.320 per proprietà e $5.280 totali al mese. Gestisce tutto personalmente, lavorando 30 ore a settimana. Decide di trasformare il portafoglio in un business: assume un property manager al 10% dei ricavi, aumentando le spese a $2.280 e riducendo il cash flow a $720 per proprietà ($2.880 totali), ma riducendo il tempo a 10 ore settimanali. Con il tempo liberato, acquisisce tre nuove proprietà più efficienti, ciascuna con $6.500 di ricavi, $4.550 di reddito netto e $1.450 di cash flow. Con sette proprietà, il cash flow totale raggiunge $7.230 al mese. Creando un sito di prenotazioni dirette, riduce le commissioni e aumenta il reddito di $600 mensili, portando il totale a $7.830 al mese ($93.960 annui). Nel tempo, il portafoglio cresce fino a $3,5 milioni di valore, aumentando significativamente l'equity.

Conclusione: questo esempio dimostra la trasformazione da investitore a imprenditore. Anche se nel breve periodo il cash flow può ridursi durante la transizione, nel lungo termine la crescita e la scalabilità aumentano significativamente. Il vero obiettivo non è possedere proprietà, ma costruire un sistema che generi reddito, libertà e ricchezza duratura. Quando raggiungi questo livello, non stai più semplicemente investendo—stai costruendo un business e un'eredità.

Considerazioni Finali

Padronanza, Slancio e il Percorso Futuro

Mentre raggiungi la fine di questo percorso attraverso *The Airbnb Mortgage Loan Mastery Series*, è importante fermarti un momento e riconoscere ciò che hai costruito—non solo in termini di conoscenza, ma soprattutto di mentalità. Ciò che è iniziato come un'introduzione al finanziamento Airbnb si è evoluto in un sistema completo per acquisire, strutturare, scalare e trasformare gli investimenti immobiliari in un business a lungo termine. Non stai più pensando come un principiante. Stai pensando come uno stratega, un operatore e un architetto del tuo futuro finanziario.

Durante tutta la serie, un principio è rimasto costante: il successo negli investimenti Airbnb non è casuale. È il risultato della comprensione dei sistemi, dell'applicazione della strategia e dell'esecuzione disciplinata. Ogni capitolo ha rafforzato questo concetto—dai prestiti DSCR alla strutturazione delle operazioni, dalla scalabilità alla gestione del rischio, fino alla costruzione di un vero business. Tutti questi elementi lavorano insieme come un ecosistema che supporta la crescita.

Al centro di questo ecosistema c'è la leva—non solo finanziaria, ma anche strategica. Hai imparato a utilizzare il finanziamento per controllare asset, i dati per prendere decisioni e i sistemi per scalare in modo efficiente. Queste forme di leva ti permettono di ottenere di più con meno, accelerare i risultati e creare opportunità che altrimenti non sarebbero accessibili. Questa è la base dell'investimento immobiliare moderno.

Tuttavia, la leva senza disciplina può creare instabilità. Per questo motivo, la gestione del rischio è stata un elemento centrale. Comprendere i cicli di mercato, mantenere DSCR solidi, costruire riserve e diversificare il portafoglio non è opzionale—è essenziale. Questi elementi ti permettono di sostenere la crescita nel tempo, affrontare le difficoltà e proteggere ciò che hai costruito.

Un altro tema fondamentale è l'adattabilità. Il mercato Airbnb è dinamico. Le normative cambiano, la concorrenza evolve e le condizioni economiche si trasformano. Gli investitori di successo non si affidano a una sola strategia rigida. Rimangono flessibili, imparano continuamente e migliorano costantemente. Questa capacità di adattarsi è ciò che trasforma le sfide in opportunità.

Riflettendo su tutto ciò che hai imparato, emerge chiaramente che investire in Airbnb non riguarda solo le proprietà—riguarda i sistemi. Si tratta di creare un processo ripetibile per trovare operazioni, strutturare finanziamenti, ottimizzare performance e scalare. Quando questi sistemi sono in atto, il tuo business diventa prevedibile, stabile e scalabile.

La transizione da investitore a imprenditore è uno dei cambiamenti più importanti. Non ti concentri più su singole operazioni, ma sulle performance complessive del portafoglio. Non gestisci più attività isolate, ma sistemi integrati. Non lavori più *nel* tuo business, ma *sul* tuo business.

Questo cambiamento apre nuove possibilità. Con un sistema scalabile, puoi espanderti in nuovi mercati, esplorare diverse tipologie di immobili e creare nuove fonti di reddito. Puoi costruire un brand, sviluppare partnership e creare opportunità che vanno oltre il settore immobiliare. Il tuo business diventa una piattaforma di crescita.

Uno degli aspetti più potenti di questo percorso è la creazione di ricchezza a lungo termine. Il settore immobiliare combina cash flow, apprezzamento e vantaggi fiscali. Quando questi elementi vengono utilizzati insieme a strategie intelligenti e disciplina, creano un effetto cumulativo. Ogni proprietà contribuisce, ogni decisione aggiunge slancio, e nel tempo questo slancio diventa trasformativo.

È importante ricordare che questo non è una corsa. Costruire un business Airbnb richiede tempo, pazienza e costanza. Ci saranno sfide—operazioni che non funzionano, cambiamenti di mercato, ostacoli imprevisti. Questi non sono fallimenti, ma parte del processo. Sono lezioni che rafforzano la tua strategia e migliorano le tue decisioni.

La costanza è la chiave del successo. Non si tratta di fare una scelta perfetta, ma di fare scelte corrette in modo continuo. Seguire il tuo sistema, mantenere disciplina e restare focalizzato sui tuoi obiettivi crea stabilità e risultati nel tempo.

La chiarezza è altrettanto importante. Sapere cosa vuoi—indipendenza finanziaria, reddito passivo o ricchezza generazionale—guida ogni decisione. Ti aiuta a scegliere le opportunità giuste e a costruire un portafoglio allineato alla tua visione.

Continuare a imparare è essenziale. Il mercato evolve costantemente, e rimanere aggiornato ti mantiene competitivo. Questo include nuove strategie, strumenti e opportunità di finanziamento. L'apprendimento continuo mantiene il tuo sistema efficace.

Anche le relazioni sono fondamentali. Finanziatori, broker, collaboratori e altri investitori fanno parte del tuo ecosistema.

Una rete forte ti offre opportunità, supporto e nuove prospettive. Investire nelle relazioni è investire nel tuo successo.

Non dimenticare di celebrare i progressi. Ogni proprietà acquisita, ogni operazione chiusa e ogni traguardo raggiunto rappresentano un passo avanti. Il successo è costruito passo dopo passo.

Guardando avanti, chiediti quale sarà la tua prossima mossa. Che si tratti del primo investimento, della scalabilità o dell'ottimizzazione, affrontalo con la conoscenza e la sicurezza che hai acquisito.

L'opportunità nel mondo Airbnb è enorme, ma richiede azione. La conoscenza da sola non basta. Il vero valore nasce dall'applicazione. Agire, testare e migliorare è ciò che trasforma la teoria in risultati concreti.

In definitiva, questo percorso riguarda più del settore immobiliare. Riguarda la libertà—libertà di tempo, di reddito e di scelta. Riguarda la costruzione di un sistema che supporta la tua vita, invece di controllarla. Riguarda la creazione di un futuro allineato ai tuoi obiettivi e ai tuoi valori.

Hai ora gli strumenti per avere successo. Sai come finanziare, strutturare, scalare e proteggere i tuoi investimenti. Hai un sistema che può guidarti e supportare la tua crescita.

Il percorso futuro è nelle tue mani. Che tu scelga di muoverti velocemente o con gradualità, i principi restano gli stessi: disciplina, adattabilità e focus. Con tempo, impegno e costanza, puoi costruire un portafoglio—e un business—che crea valore duraturo.

Questo non è la fine del tuo percorso. È l'inizio di ciò che viene dopo.

Come Ottenere una Valutazione Personalizzata per un Mutuo Airbnb

Se hai trovato utile Airbnb Mortgage Loan Fundamentals: How Short-Term Rental Mortgage Loans Work and How to Qualify, parte della Airbnb Mortgage Loan Mastery Series, potresti voler capire come queste strategie si applicano alla tua situazione finanziaria e ai tuoi obiettivi di investimento. Ogni investitore è diverso. Tipo di proprietà, posizione, reddito Airbnb previsto, punteggio di credito, capitale disponibile e linee guida dei finanziatori influenzano i programmi di prestito per cui puoi qualificarti e il modo in cui la tua operazione può essere strutturata.

Gli esempi presenti in questo libro sono progettati per spiegare come funzionano i mutui Airbnb, ma le tue reali opzioni possono essere determinate solo analizzando i tuoi numeri specifici e il tuo scenario di investimento.

Puoi richiedere una consulenza gratuita e senza impegno per un mutuo Airbnb qui:
Email: info@FinibiMortgage.com

Un professionista del credito autorizzato analizzerà la tua situazione e ti spiegherà quali opzioni di finanziamento Airbnb potrebbero essere disponibili per te, inclusi prestiti DSCR, programmi Non-QM e strategie alternative di qualificazione basate sulla tua proprietà e sul tuo profilo finanziario.

Nessun costo. Nessuna pressione. Nessun obbligo.

Cordiali saluti,

Joseph G. Correa

Originatore di Mutui Ipotecari Autorizzato
Finibi Mortgage Inc.

Informazioni sull'Autore

Joseph G. Correa è un broker ipotecario autorizzato e fondatore di Finibi Mortgage, una società con sede in Florida specializzata nel finanziamento di investimenti immobiliari, mutui per Airbnb e affitti a breve termine, e strategie di prestito alternative per investitori, imprenditori e lavoratori autonomi. Con oltre due decenni di esperienza nel settore dei mutui, underwriting e strutturazione finanziaria, Joseph ha aiutato migliaia di clienti a ottenere finanziamenti utilizzando strategie di prestito intelligenti e flessibili progettate per il moderno investimento immobiliare.

A differenza dei consulenti tradizionali che si concentrano esclusivamente sulla chiusura delle operazioni, l'approccio di Joseph è basato sulla creazione di ricchezza a lungo termine. Crede che il finanziamento ipotecario—soprattutto per Airbnb e proprietà di investimento—debba essere utilizzato come uno strumento strategico per generare flusso di cassa, scalare portafogli e raggiungere l'indipendenza finanziaria. La sua filosofia si basa sull'utilizzo intelligente della leva finanziaria, consentendo agli investitori di crescere senza dipendere esclusivamente dal reddito personale o dai limiti del credito tradizionale.

Joseph è ampiamente riconosciuto per la sua esperienza nei prestiti DSCR, nel credito Non-QM, nel finanziamento per affitti a breve termine, nei programmi basati su estratti conto bancari e nella strutturazione creativa delle operazioni. È specializzato nell'aiutare gli investitori a qualificarsi sulla base del reddito dell'immobile piuttosto che del reddito personale, rendendo possibile a principianti, lavoratori autonomi e investitori esperti acquisire e scalare portafogli Airbnb. La sua capacità di semplificare concetti complessi di finanziamento in strategie chiare e applicabili ha permesso a numerose persone di entrare nel mercato immobiliare con sicurezza.

Joseph ha creato *The Airbnb Mortgage Loan Mastery Series* per fornire agli investitori le stesse conoscenze di finanziamento utilizzate da banche, finanziatori privati e operatori immobiliari istituzionali. La sua missione è semplice: aiutare le persone a capire come qualificarsi, strutturare operazioni e scalare utilizzando strategie di prestito moderne, così da costruire business Airbnb redditizi e ricchezza a lungo termine.

Quando non è impegnato nella strutturazione di operazioni o nella scrittura, Joseph lavora direttamente con investitori e mutuatari in tutti gli Stati Uniti per progettare strategie di finanziamento personalizzate in linea con i loro obiettivi, i tipi di proprietà e i piani di crescita.

La Roadmap della Airbnb Mortgage Loan Mastery Series

La Guida Professionale per Finanziare, Scalare e Guadagnare con Proprietà in Affitto a Breve Termine

Lo scopo della *Airbnb Mortgage Loan Mastery Series* è fornire agli investitori le stesse strategie di finanziamento utilizzate da banche, finanziatori e operatori immobiliari istituzionali—tradotte in una guida chiara e pratica per investitori di tutti i livelli. Ogni libro costruisce sul precedente, accompagnandoti dalle basi fino alla strutturazione avanzata delle operazioni, alla scalabilità del portafoglio e alla creazione di ricchezza a lungo termine attraverso Airbnb e gli affitti a breve termine.

Libro 1 — Fondamenti dei Mutui Airbnb

Questo libro fornisce le basi. Imparerai come funzionano i mutui Airbnb, cosa li rende diversi dal finanziamento tradizionale e come i finanziatori valutano le proprietà a breve termine. Comprenderai i concetti fondamentali di DSCR, prestiti Non-QM e qualificazione basata sul reddito, oltre a chi può qualificarsi e come strutturare il tuo primo affare.

Libro 2 — Mutui Airbnb DSCR

Questo libro si concentra su uno degli strumenti più potenti: i prestiti DSCR. Imparerai come qualificarti utilizzando il reddito da locazione invece del reddito personale, come viene calcolato il DSCR con dati Airbnb e come posizionare la proprietà per soddisfare i requisiti dei finanziatori.

Libro 3 – Mutui Airbnb per Principianti

Pensato per chi parte da zero. Imparerai come acquistare la tua prima proprietà Airbnb, analizzare le operazioni e superare gli ostacoli più comuni con un approccio passo dopo passo.

Libro 4 – Mutui per Proprietà di Investimento Airbnb

Questo libro si concentra sulla crescita. Imparerai come finanziare più proprietà, costruire un portafoglio e ottimizzare il cash flow, introducendo strategie per acquisire e gestire immobili in modo efficiente.

Libro 5 – Mutui Airbnb Senza Verifica del Reddito

Qui entri nelle strategie avanzate. Imparerai come ottenere approvazioni senza dichiarazioni fiscali utilizzando programmi DSCR, estratti conto bancari e documentazione alternativa–ideale per lavoratori autonomi e investitori flessibili.

Libro 6 – Mutui Airbnb di Lusso

Focalizzato su immobili di fascia alta. Imparerai come finanziare proprietà di lusso, analizzare ADR elevati e bilanciare rischio e rendimento, inclusi prestiti jumbo e strategie premium.

Libro 7 — Mutui Airbnb per Case Vacanza

Questo libro spiega come finanziare seconde case e trasformarle in affitti redditizi. Imparerai le differenze tra linee guida per seconde case e proprietà di investimento, oltre a strategie ibride di utilizzo.

Libro 8 — Rifinanziamento e Strategie Cash-Out Airbnb

Imparerai come sbloccare l'equity e scalare più velocemente attraverso rifinanziamenti, cash-out e riciclo del capitale.

Libro 9 — Mutui Airbnb per Proprietà Multi-Unità

Focalizzato su duplex, triplex e piccoli multifamiliari. Imparerai a finanziare più flussi di reddito all'interno dello stesso immobile e gestire modelli di affitto misti.

Libro 10 — Strutturazione Avanzata dei Mutui Airbnb

Qui tutto si unisce. Imparerai a combinare DSCR, finanziamenti basati su asset e strategie creative per chiudere operazioni complesse e scalare senza limiti.

Questa serie è progettata per essere seguita passo dopo passo o utilizzata come riferimento in base al tuo livello. Che tu stia iniziando o costruendo un portafoglio avanzato, ogni libro offre strumenti, strategie e chiarezza per progredire.

L'obiettivo è semplice: aiutarti a capire come finanziare, strutturare e scalare investimenti Airbnb per costruire un business immobiliare redditizio e sostenibile nel lungo termine.

Disclaimer Educativo e Finanziario

Questo libro è fornito esclusivamente a scopo educativo e informativo. L'autore e l'editore non forniscono consulenza legale, fiscale, contabile o finanziaria. Sebbene Joseph G. Correa sia un originatore di mutui autorizzato, le informazioni contenute hanno lo scopo di fornire una comprensione generale dei mutui Airbnb, dei finanziamenti DSCR e delle strategie di investimento—non consulenza personalizzata.

I programmi di mutuo, le linee guida di underwriting, i tassi di interesse, i requisiti di credito e le opzioni di finanziamento per affitti a breve termine variano in base a finanziatore, mercato, stato ed economia e possono cambiare senza preavviso. Gli esempi e i calcoli presentati sono ipotetici e a scopo illustrativo e non rappresentano risultati garantiti.

Le performance degli affitti a breve termine—reddito Airbnb, occupazione e ADR—dipendono da domanda, concorrenza, stagionalità, gestione e normative locali. Prima di prendere decisioni finanziarie, è consigliato consultare professionisti qualificati che possano valutare la tua situazione specifica.

Informativa sui Rischi

Gli investimenti immobiliari e il finanziamento di affitti a breve termine comportano rischi. Il reddito Airbnb è variabile e può cambiare in base a condizioni economiche, domanda e normative. Non vi è alcuna garanzia che una proprietà raggiunga i livelli di reddito previsti.

L'uso della leva finanziaria aumenta il rischio. L'incapacità di effettuare i pagamenti del mutuo può portare a pignoramento o perdita della proprietà. I prestiti DSCR e Non-QM possono avere tassi più alti o condizioni più rigide che incidono sulla redditività.

Inoltre, modifiche normative possono influenzare la possibilità di operare un Airbnb. È responsabilità dell'investitore rispettare tutte le normative applicabili.

Questo libro presenta strategie strutturate e responsabili, ma nessuna strategia è priva di rischio. Il lettore è l'unico responsabile delle proprie decisioni finanziarie e dei risultati ottenuti.

www.ingramcontent.com/pod-product-compliance
Lightning Source LLC
LaVergne TN
LVHW022006200926
848481LV00007B/2256